TIDEN – TIDERNE

VRIJEME – VREMENA

Aleksandar Šajin

TIDEN – TIDERNE

VRIJEME – VREMENA

Museum Tusculanums Forlag
Københavns Universitet
2003

Aleksandar Šajin: Tiden–Tiderne / Vrijeme–Vremena
© 2003 Museum Tusculanums Forlag og forfatteren
Tilsyn: Marianne Alenius, Gojko Johansen og Lene Henningsen (dansk),
Miro Barjamovic (serbisk)
Omslag: Veronique van der Neut
efter motiv fra en tegning ved forfatteren
Layout og sats: Ole Klitgaard
Bogen er sat med Minion
Trykt hos Narayana Press, Gylling
ISBN: 87 7289 787 2

Udgivet med støtte fra
Litteraturrådet

Museum Tusculanums Forlag
Njalsgade 92
DK-2300 København S
www.mtp.dk

...
Only for you
I don't regret
That I was Thursday's child.

DAVID BOWIE, *Thursday's Child* ("*hours...*", 1999)

Vi dræbte ham oppe i bjergene
Men han var ikke nogen hellig mand.
...
Hans smil forbandet blidt og bortvendt
Forlad dem for de aner ikke ...

BO GREEN JENSEN, *I et andet land* ("*Den blivende engel*", 1982)

SADRŽAJ

U vozu na sjeveru – kiša 8
Njegov jezik... 10
Zdravica 12
Ubistvo u Marselju 14
Izmedju kreveta... 16
Šetači na sjeveru xx vijeka 18
Košulje plave 20
Dama sa kravatom 22
Zadnji san Rudolfa Hessa 24
Izašao je... 26
Persifal na krovu 28
Mujezin 30
Dobrodošao ovdje... 32
U tih nekoliko... 34
Na geometrijskim... 36
Otac 38
Kako da presvučeš staru fotelju sa
 novim cicem 40
Pred parenje 42
Mauricije, moreplovac i kipar, sreće
 svoju smrt 44
Jovanka Orleanka 46
Mješina puna snova... 48
Pitaš se kako... 50
Istorija Rima... 52
Nekoliko žutih... 54

Kada je stajao... 56
Čarobna svirala 58
Nestala biblioteka 60
Tvoj glas... 62
Šta je samoća? 64
Ima li samoće veće... 66
Fašist u skupštini 68
Kamena braća 70
Prijateljstvo 72
Moj učitelj... 74
Oče, vidi ovaj svijet... 76
Stanica 1 78
Izrael u snu 80
Kućne strofe 82
Večera 84
Pronalazak 86
Čobanin 88
Pjesnik u egzilu
 proklinje liliputance 90
Šta ko kaže 92
Meta 94
Izbjegli učitelj 96
Izbjegli učitelj *(Secundo)* 98
Na polju se igra dječak, Dragi... 100
Bjegačka 102

INDHOLD

I toget i Norden – i regnen 9
Hans sprog... 11
Skål 13
Drabet i Marseille 15
Imellem sengen... 17
Spadserende i det 20. århundredes
  nord 19
Blå skjorter 21
Dame med slips 23
Rudolf Hess' sidste drøm 25
Han kom ud ... 27
Percival på taget 29
Muezzin 31
Velkommen her... 33
I de få skridt... 35
På de geometriske figurer 37
Far 39
Hvordan klædes den gamle lænestol
  om i den nye sirts 41
Før parring 43
Mauricie, sømand og billedhugger,
  møder sin død 45
Jeanne d'Arc 47
Bælgen fuld af drømme... 49
Du spørger dig selv... 51
Roms historie... 53

Nogle få gule blade... 55
Når han stod stille... 57
Tryllefløjte 59
Det forsvundne bibliotek 61
Din stemme... 63
Hvad er ensomhed? ... 65
Findes der ... 67
Fascist i Folketinget 69
Brødre af sten 71
Venskab 73
Min lærer skriver... 75
Far, se denne verden... 77
Station 1 79
Israel i drøm 81
Hjemmestrofer 83
Middag 85
Opfindelse 87
Hyrden 89
Digteren i eksil forbander
  lilleputterne 91
Hvem siger hvad 93
Skydeskiven 95
Den flygtede lærer 97
Den flygtede lærer (secundo) 99
Udenfor leger en dreng, kære... 101
Flygtningesang 104

Om bogen 107
Om forfatteren 108

U VOZU NA SJEVERU – kiša

Izmedju stakala koja izoliraju od zvuka,
u pulsirajućim vodenim žilama što se
pripijaju uz okna u stranama voza,
u svijetlim mrljama vode gdje su
krajolici konačno izgubili svaki oblik
tvoje oči svijetle svjetlošću vlažne
zemlje, tvoje ludilo u porama kože
vlažno i bezlično i sivo poput Sjevernog
mora uronjenog u izmaglicu i tvoja
strast – Tebi nerazumljivo i nevidljivo
moranje, okamenjeni splet okolnosti.

(20.6.1999)

I TOGET I NORDEN – i regnen

Mellem glasruderne der isolerer for lyden,
i de pulserende vandårer der smyger sig
til vinduerne i togets sider,
i de lyse vandpletter hvor landskaberne
endelig har tabt enhver form,
lyser dine øjne med den våde jords lys,
din galskab i porerne på din hud,
gennemblødt og formløs, ligesom dette
Nordsøen dyppet i tåge og dit
begær – en dig usynlig og ubegribelig tvang,
forstenede omstændigheder.

(20.6.1999)

Njegov jezik živi u tišini papira,
kao poslije kataklizme gdje živa usta
nestaju iz vidokruga,
i jedino preostali spisi iz suhih špilja
govore o vremenu prošlom, govore o istoriji čula,
o nizu sekundi koji izgledaše beskrajan,
neuništiv, poput rečenica jezika
koje se nizahu koncem dana i noći.
Jezik nastavlja da živi, negdje drugdje, južno.
On ovdje, poput bacača diska sapet iza pisaće mašine
zabacuje misli u daljinu osluškujući da li je dohvatio ljepotu.
Besmrtnu ljepotu.
Jezik je živ. Jezik je život sam.
Bestjelesan je. Svaka riječ izrasta iz zvukova stotine jezika i
svaka ta riječ je živa i bestjelesna.
Kada se udaljiš od te riječi i zašutiš, vidiš drvo –
prošlo, buduće i sadašnje listanje.
I cvijet. Behar.

(26.2.1998)

Hans sprog lever i papirets lydløshed,
som efter syndfloden hvor de levende munde
forsvinder ud af synsfeltet,
og kun tilbageblevne skrifter fra de tørre grotter
fortæller om tiden før, om sansernes historie, om
sekundernes rækkefølge der så så uendelig,
uudslettelig ud, ligesom sprogets sætninger der dannede
kæde på dagenes og nætternes ender.
Sproget lever videre, et andet sted, sydpå.
Ham her, en diskoskaster stivnet bag sin skrivemaskine,
kaster sine tanker ud i det fjerne, lytter efter, om han nåede skønhed.
Den udødelige skønhed.
Sproget er levende. Sproget er livet selv.
Det er ulegemligt. Ethvert ord vokser ud fra hundreder af sprog,
og ethvert af disse ord er levende og uden legeme.
Når du fjerner dig fra det og bliver tavs, ser du træet –
det forrige, kommende og nuværende bladudspring.
Og blomstring. Blomsterflor.

(26.2.1998)

ZDRAVICA

Žuti ljiljani rijekom plove,
rijeka zelena kao dragi kamen,
Indija preko brda doziva,
Evropa zavrće skute haljine od
raznih komada bojenog štofa,
detalji kamenih planina i
gorskih jezera, ukrasi morskih plaža
i riječni rukavci,
sve se to njiše oko njenih golih nogu,
dok gazi u Jadransko more puno sitnog ostrvlja
i bojâ sunca i neba
razlomljenih poput hljeba u vodi.
Za svijet, vidjen iz svemira,
najljepša magična kugla puna plave u nijansama
i šarama života išarana, zaplesana,
oblacima uljuljkana, vodama zalivena,
za krug naš zemaljski, dragi,
za Zemlju, dižem ovu pjesmu nebu pod oblake.

(18.3.1998)

SKÅL

De gule liljer sejler ned ad floden,
floden grøn som en ædelsten.
Indien kalder over bjerget,
Europa løfter op i kjolen,
lavet af brogede stumper tøj,
detaljer af klipper og fjeldenes søer,
udsmykket med badestrande
og flodernes deltaer,
alt det svinger omkring hendes nøgne ben,
mens hun træder ud i det Adriatiske Hav
fuldt af små øer og solens og himlens farver,
smuldret som brød i vandet.
Til verden, set fra rummet,
den smukkeste magiske kugle fuld af blåt i nuancer,
tegnet med livets tegn, dansende,
vugget i skyerne, skyllet i vandene,
til vores jordiske cirkel, kær,
til Jorden, hæver jeg dette digt op
mod himlen, til skyerne.

(18.3.1998)

UBISTVO U MARSELJU

Naočale su poletjele preko neba poput ptice prozirnih krila, vidio sam ruku, ruku u rukavu sakoa od sivog štofa, iza jedno lice bez karakterističnih crta, samo nebo, golubovi i galebovi, i ovaj strani jezik koji ječi poput ptičijih poklika u mojim ušima. Prst na okidaču bio se pokrenuo brzo, dva puta, napred-nazad. Vazduh u mojoj limuzini – prasak izgorenog baruta, jedan i još jedan put, nečujan revolver, pred mojim očima još lebdi slika djevojčice sa jugoslovenskom i francuskom trobojkom stegnutim u desnoj ručici, i sjajne lokne njene kose na haljinici islikanoj sitnim crvenim cvjetovima. Slatko od ruže bilo bi dobro za srce i jetru, pomislih; meci su me zagnjurili u sjedište.

(Kralj je izdahnuo odmah, a njegov domaćin, francuski ministar vanjskih poslova *Barthou*, iskrvario je stojeći, pritisnut tijelima uzavrele ljudske mase.)

(27.3.1998)

DRABET I MARSEILLE

Brillerne fløj over himlen som en fugl med gennemsigtige vinger, jeg så en hånd, en hånd i jakkeærmet af gråt stof, et ansigt bagved, uden særegne træk, bare himlen, duerne og mågerne, og dette fremmede sprog der ekkoer som fugleskrig i mine ører. Fingeren på aftrækkeren havde rørt sig hurtigt, to gange, frem-tilbage. Luften i min limousine – det forbrændte krudts brag, en og en gang til, en lydløs revolver, for mine øjne svæver endnu billedet af en pige med den jugoslaviske og den franske trikolore knuget i den højre hånd, og hendes hårs blanke krøller over kjolen, overstrøet med små røde blomster. Syltede roser skulle være gode for hjertet og leveren, mente jeg, kuglerne skubbede mig ned i sædet.

(Kongen døde øjeblikkeligt, og hans vært, den franske udenrigsminister *Barthou*, forblødte stående, klemt i den ophidsede menneskemængde.)

(27.3.1998)

[...]

Izmedju kreveta i knjiga i zvukova udaraljki u pisaćoj mašini,
izmedju jezika prošloga i jezika budućega, izmedju opipljivih stvari koje leže
na stolu, plastična žuta šerpica iz dječije kuhinje i korpica od bukove kore
u kojoj su cvjetali zumbuli prije dva mjeseca, izmedju ideja koje sjaje poput
Zakona, sjajem bez odraza, bez slike, izmedju strahova, sljepila i ljubavi,
daj mi duše koje mogu razumjeti kako divan, kako divan ovaj svijet može biti.
Daj mi ključeve da otključam ovu samoću gustu kao stvrdnuti vosak.
Slomij sljepilo iza njihovih pogleda ili ugasi čežnju u meni. Ja ne vidim
treće mogućnosti.Treća mogućnost je moj život kao ispaštanje.
I žudnja za pjesmom. I moj je život žudnja za pjesmom, ništa drugo.

(28.3.1998)

[…]

Imellem sengen og bøgerne og lydene fra tangenterne i skrivemaskinen, imellem datidens sprog og fremtidens sprog, imellem de konkrete genstande der ligger på bordet, den lille gule gryde af plastik fra børnekøkkenet og en lille kurv af bøgebark, hvor hyacinterne har blomstret for to måneder siden, imellem ideer der skinner som Loven, en skinnen uden afspejling, uden billede, imellem angst, blindhed og kærlighed, *giv mig sjæle der kan forstå hvor smuk, hvor smuk denne verden kan være.* Giv mig nøglerne til at låse denne ensomhed op med, tyk som størknet voks. Bryd blindheden bag deres blikke eller sluk savnet i mig. Jeg ser ikke en tredje mulighed. Den tredje mulighed er mit liv som pinsel.
Og længsel efter sang. Og mit liv er længslen efter sangen, ikke andet.

(28.3.1998)

ŠETAČI NA SJEVERU XX VIJEKA

Rûke uzdignute ispred lica,
reveri sakoa izlijepljeni lišćem,
vrijeme miriše kao hljeb pečen u ilovači;
na ledjima dvadesetog vijeka krv ratnika
izlila se u slike krošanja i pružila se mirisom
u znojne pore uokolo očiju šetača ovog mirnog ponedjeljka
ovdje okupanog bijelom svjetlošću sjevera;
toplo mlijeko se cijedi iz tragova njihovih stopala
dok nogama pritišću bradavicu zemlje.
Vjetar puše ljudima iza ušiju
ne bi li zaboravili kuda su pošli.
Nebom plove petoprsti oblaci.

(30.3.1998)

SPADSERENDE I DET XX ÅRHUNDREDES NORD

Hænderne løftet op foran ansigtet,
jakkens revers klistret til med blade,
tiden dufter som brød bagt i ler;
oven på det tyvende århundredes ryg er krigernes blod
støbt i trækronernes billede og har strakt sig med sin lugt
ind i sved-porerne rundt om de spadserendes øjne på denne stille mandag,
her badet i nordens hvide lys;
den varme mælk siver ud af deres fodspor
når de med fødderne træder på jordens vorte.
Vinden puster bag menneskenes ører,
så måske de kunne glemme hvor de tog hen.
På himlen sejler femfingrede skyer.

(30.3.1998)

KOŠULJE PLAVE

Dablin, uvijek miriše među mojim prstima,
Irland, moja slobodna irska zemlja, uvijek kažem,
odmara se na mom potiljku, oslanja se na moja leđa,
krade mi šešir preko ramena.
Porede me sa bijesnim patuljkom iz Berlina,
premda moji pjevajući vokali iz sna druidâ
nemaju ništa zajedničko sa njegovim kukastim konsonantima;
uvijek kažem: *aperkat*, i sagni se, *aperkat* i sagni se.
Trinaestog augusta 1933., nešto iza podne, donesoše gospoda iz vlade zabranu,
zabranili su naš marš i zaposjeli groblje, i poredali policajce
kao zastavice pored naše zacrtane putanje.
Nedjelja je tako tužna, premda sunce sija i ja čujem kucanje
mog zlatnog džepnog sata kroz jasni zrak i moja najljepša svilena kravata
prelijeva se u skerletnom odsjaju.
Uvijek kažem, kada hodaš, ne treba niko da zna
da si bokser,
dovoljno je da si džentlmen.
I tri stotine policajaca uokolo zgrade parlamenta,
Dablin – u mome srcu, u novinama – laži:
moje plave košulje podsjećaju ih na Dučeove crnokošuljaše.
Glupost, uvijek kažem, zar taj jajoglavi imperator
može da se poredi sa mnom?

(General *Eoin O'Duffy*, zapovjednik Nacionalne garde – fašističke organizacije među
stanovništvom poznate kao "plavokošuljaši" – umro je jedanaest godina kasnije, na ulici,
od srčane kapi. Legenda kaže da je zaboravio da otvori poklopac svog džepnog sata, pa je
u uglačanom metalu umjesto dobro poznatih kazaljki vidio zlatnu masku odraza svoje
glave koja je u ispupčenoj oblini poklopca u dlaku naličila mrskoj četvrtastoj glavi Benita
Mussolinija.)

Smrt je bokser u top-formi:
aperkat i sagni se, i
Više me nije bilo.

(31.3.1998)

BLÅ SKJORTER

Dublin, dufter altid mellem mine fingre,
Irland, mit frie irske land, siger jeg altid,
hviler på min nakke, læner sig op ad min ryg,
hugger min hat over skulderen.
Man sammenligner mig med den gale dværg fra Berlin,
selv om mine syngende vokaler fra druidens drøm
intet har tilfælles med hans krogede konsonanter;
jeg siger altid: *uppercut* og duk dig, *uppercut* og duk dig.
Den trettende august 1933, lidt over middag,
nedlagde herrerne fra regeringen forbud,
de har forbudt vores march og besat kirkegården,
og stillet politimænd op som små flag
langs vores planlagte rute.
Søndagen er så trist, selv om solen skinner og jeg hører tikken
fra mit gyldne lommeur gennem den klare luft og mit smukkeste silkeslips
glimter i skarlagensrøde reflekser.
Jeg siger altid, når du går skal ingen vide
at du er bokser,
det er nok at du er en gentleman.
Og tre hundrede politimænd rundt om parlamentsbygningen,
Dublin – i mit hjerte, i aviserne – løgne:
Mine blå skjorter minder dem om *Il Duce*s sortskjorter.
Sludder, siger jeg altid, kan det æggehoved til en diktator
da sammenlignes med mig?

(General *Eoin O'Duffy*, lederen af *Nationalgarden* – den fascistiske organisation, hos befolkningen kendt som *Blåskjorterne* – døde elleve år senere, på gaden, af hjerteslag. Legenden fortæller, at han havde glemt at åbne låget på sit lommeur, så han i det pudsede metal i stedet for de velkendte visere så sit hoveds afspejlings gyldne maske, som i lågets hvælvede oval på en prik lignede *Benito Mussolini*s frastødende firkantede hoved.)

Døden er en bokser i topform:
Uppercut og duk dig, og
jeg var ikke mere.
(31.3.1998)

DAMA SA KRAVATOM

Nije to ta siva pozadina zida zacrnjenog duvanskim dimom i uljanim bojama a onda osvijetljenog neravnomjernom svjetlošću oblačnog dana. Nisu to ni duga krila kragne košulje od finog bijelog platna niz koju se kravata izuvijala poput traga krokodilske suze, ni čuperci crne kose razvijeni simetrično niz čelo, razigrani krajičcima po obrvama od kojih je desna značajnije uzdignuta. Nije to ni modri dim u unutrašnjim uglovima očiju i duž linije nosa dolje do ustiju u fantastičnoj ravnoteži zatvorenosti i onoga što bi se moglo reći. Nisu to ni pravi uglovi pod kojima se sijeku linije iza kojih reprodukcije ovog Modiljanijevog platna više nema, ni vrata su se upravo bila otvorila i ona je ušla – komplet za šivanje u kartonskoj kutiji na stalaži iznad moje glave i djetinji glas iz hodnika, moje dijete i moja žena i *Your home is where your soul is.*

(2.4.1998)

DAME MED SLIPS

Det er ikke den grå baggrund med væggen sværtet af tobaksrøg og oliefarver og så belyst af den skyede dags ujævne lys. Det er heller ikke kravens lange vinger på skjorten af fint linned, hvor slipset har bugtet sig ned som sporet af en krokodilletåre, og heller ikke det sorte hårs lokker symmetrisk foldet ned ad panden, med spidserne dansende på øjenbrynene, af hvilke det højre er væsentligere løftet. Det er heller ikke den blålige røg i de indre øjenkroge og langs med næsens linie ned til munden i den fantastiske ligevægt mellem lukkethed og det der kunne siges. Det er heller ikke de rette vinkler hvor linierne skærer hinanden og bag hvilke reproduktionen af Modiglianis lærred ikke findes mere, og døren er heller ikke lige blevet åbnet, hun kom ind – sysættet i papæsken i skuffen over mit hoved og barnestemmen fra gangen, mit barn og min kvinde og Y*our home is where your soul is.*

(2.4.1998)

ZADNJI SAN RUDOLFA HESSA

Anemone bijele, izmedju kuće i okućnice, iznikle
iz raskvašene zemlje upletene u golo blijedo korijenje,
i vlati pri dnu bez boje što nestaju u nevidljivim brazdama
medju zrnevljem blata i sjemena – sve to povijeno,
na zemlju prignječeno crnom čizmom u kojoj se martovski dan odsijava
gotovo istom slijepom bjelinom kao u krilu otvorenog prozora
medju jarko crvenim ciglama fasade nordijske kuće.
Ručno vezene bijele zavjesice navučene u stranu bez osjećaja
za mjeru – žica na kojoj su razvučene u ramu prozora
gotovo istrgnuta nervoznim pokretom ruke:
Mein Führer, Mein Führer, Mein Führer!
I ova izvezena krila bijelih zavjesica stoje sad
kosinama svojih strana zaista paralelna linijama crne kose
razdvojene iz razdjeljka na desnoj strani glave, preko lijepog blijedog
čela i do iznad golog uha -
Mein Führer, Mein Führer, Mein Führer!
A ispod vrška svilene maramice zataknute u gornji džep tamnog sakoa
talasi azaleja žutih i kruna bijelih magnolija,
zaista kao kruna jutarnje zvijezde medju očima ovog ludog dragog mjesečara,
*ova jadna rastrgnuta duša što pod nožem egipatskih sveštenika mraka
trči preko leševa nalik pobješnjelom patuljku, zašto ove riječi provaljuju ovako:*
ein Führer, ... Furija, mein Furor? *Dobro je da pakao ne postoji.*

(*Rudolf Hess* – zadnji zatvorenik u zatvoru Spandau, umro je kao u snu – snažna vilica
bila mu je ujutro hladna i iskrivljena (od užasa ili smijeha), a oči koje su uvijek samo
podnosile život nisu kazivale ništa više o njemu ni poslije smrti.)

(5.4.1998)

RUDOLF HESS' SIDSTE DRØM

De hvide anemoner, mellem huset og omegnen, spiret
op af den gennemblødte jord, viklet ind i nøgne hvide rødder,
og strå, ved bunden farveløse, som forsvinder i de usynlige furer
mellem små klumper af mudder og frø – alt det bøjet,
trykket ned i jorden af den sorte støvle, i hvilken martsdagen genskinnes
med næsten den samme blinde hvidhed som i det åbne vinduesfag
mellem stærkt røde mursten på det nordiske hus' facade.
De små hvide, håndbroderede gardiner trukket til side uden fornemmelse
for hvor grænsen går – snoren på hvilken de er strakt ud i vinduesrammen
næsten revet af i håndens nervøse bevægelse:
Mein Führer, Mein Führer, Mein Führer!
Og disse broderede kanter på de små hvide gardiner står nu
med deres skråninger virkeligt parallelle med linierne i det sorte hår,
delt fra skilningen i hovedets højre side, ned over den smukke blege
pande og til lige over det nøgne øre –
Mein Führer, Mein Führer, Mein Führer!
Og under snippen på silkelommetørklædet, stukket ned
i den øverste lomme på den mørke jakke,
bølgerne af gule azaleaer og de hvide magnoliers krone,
virkeligt som morgenstjernens krone mellem øjnene
på denne vanvittige kære søvngænger,
*denne stakkels sønderlemmede sjæl der under de egyptiske mørkepræsters kniv
løber over ligene som en gal dværg, hvorfor vælder disse ord sådan frem:*
ein Führer, … en Furie, min Furor? *Det er godt at helvede ikke findes.*

(*Rudolf Hess* – den sidste fange i Spandau-fængslet, døde som i drømmen – hans stærke
kæbe var om morgenen kold og forvredet (af angst eller latter), og øjnene der altid bare
holdt livet ud, sagde heller ikke noget om ham efter døden.)

(5.4.1998)

[...]

Izašao je iz sna kao iz snježne bure –
kosa i brada puni snijega,
bijelog jecanja što se topi
poleglo na bilu života.
Krv pritisnuta vremenom.
Vrijeme – prisutnost rasuta u sekundama,
čula naoštrena za grupni portret sa zimom.
Uzrok kretanju nalazio se u zvuku telefona,
kada je poskočio sa donjeg ležaja
kreveta na sprat i pretrčavši nekoliko koraka
kroz hodnik,
ostavivši topli otisak u plavom frotiru
razvučenom preko madraca u djetinjoj sobi,
stigao je zaista da podigne slušalicu
prije nego što je treći pozivni signal
prebacio telefonsku vezu u sivu automatsku
sekretaricu, gdje njegov glas snimljen na
zvučnoj traci kazuje: "*Dobili ste broj ...*"
Zidovi puni nevidljivog kretanja elektrona
u bakarnim žicama kablova. Jedan filozof
bez imena jaše na kornjači kroz hodnik.

(6.4.1998)

[…]

Han kom ud af drømmen som ud af en snestorm –
sne i håret og skægget,
de hvide suk der smelter,
lagt på livets puls.
Blod presset af tiden.
Tiden – tilstedeværelse drysset ud i sekunderne,
sanserne skærpet til gruppebillede med vinteren.
Årsagen til bevægelsen lå i lyden fra telefonen,
da han hoppede ud af den nederste køje
i køjesengen og havde løbet et par skridt
gennem korridoren
efter at have efterladt det varme aftryk i den blå frotté
som var strakt ud over madrassen på børneværelset,
nåede han minsandten at tage telefonen
før det tredje kaldende signal
havde overført telefonforbindelsen til den grå automatiske
telefonsvarer, hvor hans stemme optaget på
lydbåndet fortæller: *"Du har ringet til …"*
Væggene fulde af den usynlige bevægelse af elektroner
inde i ledningernes kobbertråde. En filosof
uden navn rider på en skildpadde gennem korridoren.

(6.4.1998)

PERSIFAL NA KROVU

Ne radi se tu samo o komponovanju
slike i riječi, o sasušenim planktonskim tjelešcima
jarkocrvene boje u koje je utrljano bijelo ulje,
a onda sve to suprotstavljeno
krugu mekanoplave
ispod koje se probijaju zrna svjetlosti.
Zlato bakarnih truba rasuto
preko ravnih londonskih krovova u dvadesetim;
osmjesi izlijepljeni na lepezi zvuka
što treperi iz mehaničkih muzičkih instrumenata,
iz napuhanih obraza ispod podignutih obrva,
i nasmijano lice plesačice u
nevinom iščekivanju grupnog portreta.
Stvarnost je mnogo dublja,
ovdje izmedju dva rata,
stvarnost iza našminkanih lica metaforâ.

(7.4.1998)

PERCIVAL PÅ TAGET

Det drejer sig ikke bare om komponering af
billede og ord, om den udtørrede planktons små
blodrøde kroppe, gnedet ind i den hvide olie,
og efter alt sat op imod
en blød blå cirkel
under hvilken lyskorn trænger frem.
Kobbertrompeternes guldstøv strøet ud
over Londons flade tage i tyverne;
smil klistret på lydens vifte
der står og dirrer fra blæseinstrumenterne,
fra de oppustede kinder under de løftede øjenbryn,
og danserindens smilende ansigt i
den uskyldige afventen af gruppebilledet.
Virkeligheden er meget dybere,
her mellem to krige,
virkeligheden bag metaforernes sminkede ansigter.

(7.4.1998)

MUJEZIN*

Stoji mujezin medju papirima
svaki papir u vazduhu lebdi,
svaki papir – oblak kišni,
pjeva mujezin medju oblacima,
svaki glas – kap vode.
Noge mu se do zemlje protegle,
kroz plitko korijenje u zemlju se uvrcale,
svaki grumen od krvi rumen,
svaki slog dragi Bog.
Pljušti kiša preko trave,
cvjetovima skida glave.

(* "*Mujezin* (*arab.*): izvikivač koji sa minareta pet puta dnevno poziva na molitvu; sad se ponegdje zamjenjuje i kasetofonom." *Gyldendals Leksikon* 6, 1986, Kopenhagen, Gyldendal, s. 453).

(14.4.1998)

MUEZZIN*

En *muezzin* står mellem papirerne,
hvert papir svæver i luften,
hvert papir – en regnsky;
en *muezzin* synger mellem skyerne,
hver stemme – en vanddråbe.
Benene har strakt sig til jorden,
gennem flygtige rødder slynget sig ned i jorden,
hver jordklump rød af blod,
hver stavelse *kære Gud*.
Regnen siler ned over græsset,
Hugger blomsternes hoveder af.

(* "*Muezzin* [-si'n] (*arab.*): udråber som fra minareten fem gange om dagen kalder til bøn; nu undertiden erstattet af en båndoptager". *Gyldendals Leksikon* 6, 1986, København, Gyldendal, s. 453.)

(14.4.1998)

[...]

Stefanu

Dobrodošao ovdje, u zemlju promuklih vokala,
ispod oblaka bijelih i brzih
kao parovi labudova u proljeće.
Dobro došao ispod bijelih stijena jutra
i ispod modrih stijena povečerja.
Dobro došao medju zidove vremena,
izmedju fuga stegnutih oblacima,
izmedju dva sna zasvodjena
lukovima bijelih zvijezda,
dobro došao ispod kupola mliječnih žlijezda.
Po svodovima, podvoljcima, pazusima našim,
svud gdje limfa bije u rumenilu kože ispod sunca
rasula se svjetlost, zlatna voda – voda zlata.
Naši nervi rasuli se u krošnje,
znojni pupovi iz kože nam izbili,
u njima dan se ogleda:
hiljadu pupova – hiljadu dana.
Hiljadu osmijeha – hiljadu ptica
dugonogih, dugovratih,
i dva labuda
i zvuk promuklih vokala
ispod velikih bijelih krila.
Dobrodošao.

(17.4.1998)

[...]
                          til Stefan

Velkommen her, til de hæse vokalers land,
under skyerne hvide og hurtige
som svanepar om foråret.
Velkommen under morgenens hvide sten
og under skumringens blå sten.
Velkommen mellem tidens vægge,
mellem fuger udspændt af skyerne,
mellem to drømme hvælvede
med de hvide stjerners bue,
velkommen under mælkekirtlernes kupler.
På hvælvingerne, under hagerne, vores armhuler,
overalt hvor lymfen slår i hudens rødme under solen
er lyset spredt, guldvandet – guldets vand.
Vore nerver er spredt i trækronerne,
svedens blomsterknopper er skudt op fra vores hud,
i dem spejler dagen sig:
tusinde blomsterknopper – tusinde dage.
Tusinde smil – tusinde fugle
langbenede, langhalsede,
og to svaner
og de hæse vokalers lyd
under store hvide vinger.
Velkommen.

(17.4.1998)

[...]

U tih nekoliko koraka izmedju televizora i sofe,
izmedju glasova iz sjećanja što se prevrću na vjetru,
izmedju prošlih i budućih sastanaka i rastanaka,
sa pitanjem ispred lica, sjediš tu, sa kožom u suncu,
umoran od nijemosti, umoran od ravnodušnosti,
od strahodušnosti, od sljepila sjena pod suncem.
U prašini po pisaćoj mašini topi se strah od ludila,
u porama kože lica ugrijalo sunce,
u brojčaniku na pisaćoj mašini odraz tvoje jagodice
ispod lijevog oka, premda je to desna strana
odraževog lica. Ipak si to ti, a ne odraz, zaslijepljen
sunčevom svjetlošću koja pada izmedju oblaka
i kroz prozorsko staklo na lijevu stranu tvoga lica.
Ipak je to tvoj bol i samoća
koju sunce grije. I to je tvoj san o ljepoti
oni mrze i strahuju. Ipak je to tvoja duša
da sija tako jasno, tako jasno
da ih ni sunce više ne može zaslijepiti.

(16.12.1998)

[...]

I de få skridt mellem fjernsynet og sofaen,
mellem erindringens stemmer der drejer i vinden,
mellem forbigangne og kommende møder og afskeder,
med spørgsmålet foran ansigtet, sidder du der, med huden i solen,
træt af tavshed, træt af ligegyldighed, af sjælefrygtsomhed,
af skyggernes blindhed under solen.
I støvet på skrivemaskinen smelter angsten for vanvid,
i porerne i ansigtets hud har solen varmet,
i skalaen på skrivemaskinen en spejling af dit kindben
under det venstre øje, selvom det er højre side af
spejlingens ansigt. Alligevel er det dig, og ikke spejlingen,
som er blændet af sollyset der falder mellem skyerne
og gennem vinduesruden på dit ansigts venstre side.
Alligevel er det din smerte og ensomhed
som solen varmer. Og det er din drøm om skønhed
de hader og frygter. Alligevel er det din sjæl
der skinner så klart, så klart
at heller ikke solen mere kan blænde dem.

(16.12.1998)

Na geometrijskim likovima i cvjetovima izvezenim zlatnim nitima, posred lila i mrkocrvenih traka na jastuku sjediš, kroz sobu ploviš držeći se za mašinu nitima duše – vršcima jagodica. Nemir u vodi od koje ti je tijelo sazdano, masna boli u ćelijama, umor ispod ramena.

(3.6.1999)

*På de geometriske figurer og blomster
broderet med guldtråd, midt i de lilla og
mørkerøde bånd på puden sidder du, gennem stuen
sejler du, holdende i skrivemaskinen med sjælens tråd –
fingerspidserne. Uro i vandet, som kroppen er
dannet af, fedtet smerte i cellerne, træthed under
skulderen.*

(3.6.1999)

OTAC

Razmahuju se napolju pod pazuhom vjetra
mlade krošnje javora i lijeske,
i listovi bijele vrbe sjaje mutnim sjajem,
kao i pramenovi runa na paradnoj šubari
Mustafe Kemala.
(*Oblaci ka nebu bijeli, ka zemlji sivi.*
Dijete na koljenu vjetra, vojnik na konju revolucije.)
Mustafa gleda pored djeteta u ivicu puta gdje nedostaje veliki
komad kamenog ivičnjaka.
Dijete ima na glavi duboku bijelu kapu bez šilta ili bilo čega
drugog, pa kapa naliči polovici ljuske jajeta iz koje se mladunče
upravo ispililo.
Njih dvoje ne mogu vidjeti bjelinu u kojoj ih više neće biti,
jer ni sada nisu tu gdje izgleda da jesu. TO JE SAMO SVJETLOST
UHVAĆENA U POLEGLO GRANJE NA DNU KANALA
ZARASLOG U TRAVU, ŽBUNJE I DRVEĆE.
Mustafi praskaju kopita u ušima i u zraku promiče
bijela paučina sa drveća i kasno ljeto zamire, kao i mnogo godina
unazad, u živom sjećanju na bitku na Galipolju.
Život je kao jedna od onih fotografija na kartonskoj ploči –
misli Mustafa – što se više lomi sve se manje razaznaje.

Mustafa Kemal Paša, prozvao se "ocem Turaka" deset godina kasnije (1934): Ispod krute
kragne sa zategnutom kravatom preko vrata, i ispod visokih zalistaka na prosijedoj glavi
ni on sam nije više mogao prepoznati onog vojnog inspektora Devete armije sa fotografije
sa Galipolja ispod bijelog oficirskog turbana, upalih obraza i isturenih JAGODICA
ISPOD OČIJU PUNIH MRAKA I SJENE. Na ivicama je fotografija bila izlomljena i
vidjelo se bijelo tkivo kartona. *Sjene su smrvljene u prah* – misli Mustafa *Ataturk*
pomirljivo i pusti sjećanja da se izmiješaju pod spuštenim kapcima.

(16.8.1999)

FAR

Udenfor under vindens armhule
vajer unge ahorn- og hasseltræers kroner,
og bladene på den hvide pil skinner med en uklar glans,
ligesom duskene af uld på Mustafa Kemals
parade-pelshat.
(*Skyerne mod himlen hvide, mod jorden grå.*
Barnet på vindens knæ, soldaten på revolutionens hest.)
Mustafa kigger forbi barnet i vejkanten hvor et stort
stykke af kantstenen mangler.
Barnet har en høj hvid hat på hovedet
uden skygge eller noget
andet, så hatten ligner en halv æggeskal fra hvilken ungen
lige er pillet ud.
De to kan ikke se den hvidhed, hvor de ikke længere er,
for end ikke nu er de, hvor det ser ud som om de er. DET ER KUN LYSET
FANGET I DE NEDFALDNE GRENE PÅ KANALENS BUND
TILGROET MED GRÆS, BUSKE OG TRÆER.
Hovene brager i Mustafas ører og i luften passerer
det hvide spind fra træerne, og sensommeren svinder bort
som mange år før, i den levende erindring om slaget ved Gallipoli.
Livet er som et af de fotografier på karton –
tænker Mustafa – jo mere det bøjes, desto mindre kan det skimtes.

(*Mustafa Kemal Pasha* antog navnet "tyrkernes far" ti år senere (1934): Under den stive
krave med slipset stramt over halsen, og under de lange bakkenbarter på det grånende
hoved kunne heller ikke han genkende sig selv mere – dengang den kommende inspektør
for den 9. armé fra fotografiet fra Gallipoli under den hvide officersturban, med kinderne
sunket ind og kindbenene stikkende ud UNDER ØJNENE FULDE AF MØRKE OG
SKYGGE. I kanterne var fotografiet bøjet, og man kunne se kartonens hvide væv.
Skyggerne er malet til støv – tænkte Mustafa *Atatyrk* forsonligt og lod erindringer blande
sig bag de sænkede øjenlåg.)

(16.8.1999)

KAKO DA PRESVUČEŠ STARU FOTELJU SA NOVIM CICEM

Kako da presvučeš staru fotelju sa novim cicem?
Potreban ti je *alat*, potreban ti je *cic* i *kostur*,
znači, *skelet* – znači, *smrt*; šta znači smrt?
Ogledalo.
Ako si dobar tapetar iščupaj konju rep u ogledalu,
ili mazni najlon-kesu iz prodavnice
ako si mi savremenik.
Sa konjskom dlakom ćeš da postaviš sjedalo,
a najlon zaprži pa ga utisni u dlaku tako da
se drži čvrsto zajedno.
Sa donje strane prevuci pamučnu mrežu
u koju ćeš da loviš prdeže iz pokvarenog stomaka,
a na gornjoj strani utuci struk konoplje protiv vampirâ.
Sve to prevuci crvenim cicem.
Na cicu nacrtaj *žar-pticu*
i čekaj da se ugrije.

(17.8.1999)

HVORDAN KLÆDES DEN GAMLE LÆNESTOL OM I DEN NYE SIRTS

Hvordan klædes den gamle lænestol om i den nye sirts?
Du skal have *værktøj*, du skal have *sirts* og *skelet*,
altså, *skelettet* – det vil sige *død*, hvad vil døden sige?
Spejl.
Hvis du er en god møbelpolstrer, så hiv hestens hale ud i spejlet,
eller hug en plastikpose i forretningen
hvis du er min samtidige.
Med hestehåret skal du fore stolen indvendigt
og plastikken svitses og presses ind i håret således at
det hele holdes fast sammen.
Betræk den nederste side med bomuldsnettet
i hvilken prutterne fra den dårlige mave skal fanges,
og stød på den øverste side et knippe hamp mod vampyrer.
Betræk det hele med den røde sirts,
rids på sirtsen *ildfuglen*
og vent til den er varm.

(17.8.1999)

PRED PARENJE

Iza srebrnog stalka sa svježe upaljenom dugačkom svijećom,
iza bjeline plamena i iza širokog svilenog biskupskog pojasa,
iza sjene u borama oko zatvorenih usta na nasmiješenom licu biskupa
koji prati ruku sa perom kardinala Gasparria gdje potpisuje da je Vatikan
ponovo država poslije gotovo sedamdeset godina. – *Vatikan da, ali ne i Rim,
da li je ovo bilo vrijedno ovog potpisa na hartiji bijeloj poput lica
ovog fašističkog bezbožnika sa moje lijeve strane, što sjedi sa glavom preblizu
mome laktu. Misli su mi kao ptice, Bože, oprosti mi, ali ovaj diktator
sa imenom i strašću meksičkog seljaka, kuda će me odvesti, kuda će nas sve
odvesti Benito Mussolinni?* – misli kardinal dok gleda u bijelu hartiju otvorene
povelje na kojoj se crni njegov potpis.
Ali *iza*, iza ledja ove trojice i iza sekretarovih ledja, koji stoji i pridržava
biskupovu stolicu dodirom vrhova prstiju, četvrtasta sjena vrata bjelja od sjene
zida, i iza vrata, dolje, na pločniku, velika siva mačka proteže se lijeno, nevidljiva,
u blagoj rimskoj zimi ustreptala pred velikim mačkom spremnim na parenje.

(17.8.1999)

FØR PARRING

Bag stativet i sølv med et nyligt tændt højt stearinlys, bag flammens hvidhed og bag biskoppens brede silkebælte, bag skyggerne i rynkerne rundt om den lukkede mund på biskoppens smilende ansigt, der følger kardinal Gasparris hånd idet den underskriver at Vatikanet igen er en stat efter næsten halvfjerds år.
– *Vatikanet ja, men ikke Rom, er det denne underskrift værd på papiret, hvidt som ansigtet på den fascistiske gudløse ved min venstre side, der sidder med hovedet for nær min albue. Mine tanker er som fugle, Gud, tilgiv mig, men denne diktator med navn og passion som en mexicansk bonde, hvor fører han mig hen, hvor fører Benito Mussolini os alle hen?* – tænker kardinalen imens han ser ned på det åbnede charters hvide papir, på hvilket hans underskrift sortner.
Men *bag*, bag ryggene på disse tre og bag ryggen på sekretæren, som står og holder biskoppens stol med fingerspidsers berøring, er dørens firkantede skygge hvidere end murens skygge, og bag døren, nede på fortovet, strækker en stor, grå hunkat sig dovent, usynlig, i Roms bløde vinter, dirrende foran den store hankat, parat til parring.

(17.8.1999)

MAURICIJE, MOREPLOVAC I KIPAR, SREĆE SVOJU SMRT

Mauricije je klesao dugački tanki oblik u mliječno bijelom mramoru. Zamahivao je teškim kiparskim batom po metalnom dlijetu i, sa svakim odbačajem od kamena, šake kao da su letjele dalje od njega preko krošanja bukvi duž zemljanog seoskog puta. Kamen je na vrhu bio gotovo proziran, svjetlost se probijala kroz bjelinu krune kamena, i Mauricije je sa sunčevim zalaskom gledao čeznutljivo u nijanse ružičaste u stijeni, uzdišući za ljepotom ružičastih bisera iz mora uokolo Karibijskih otoka. Zaškripa zubima kao da mu je u ustima bilo pijeska i odmaknu se dva koraka nazad. Kada bi se odmaknuo od kamena ovaj mu je izgledao još veći nego kad mu je stajao na dohvat ruke ukivajući brazde udarcima dlijeta u njegovu površinu. Pretrčao je preko puta i opet se okrenuo. Sada ga je kamen bio opkolio sa tri strane, a njegovom površinom prelama se sedefasta svjetlost zadnjih zraka sunčevog zalaska. Mauricije pokri usta rukom i poleti preko krošanja. Srce mu se u trenu pretvorilo u pijesak. Umro je od srčane kapi.

(18.8.1999)

MAURICIE, SØMAND OG BILLEDHUGGER, MØDER SIN DØD

Mauricie huggede en spinkel form ud i den mælkehvide marmor. Han svang den tunge hammer ned på jernmejslen, og med hvert kast tilbage fra stenen var det som om hænderne fløj længere væk fra ham, hen over bøgetræernes kroner langs landsbyens jordvej. Øverst oppe var stenen næsten gennemsigtig.
Lyset brød gennem stenens hvide krone, og Mauricie kiggede ved solnedgang længselsfuldt på nuancerne af rosa i stenen, sukkende efter skønheden hos de rosa perler omkring De Caribiske Øer. Han knirkede med tænderne som om der var sand i hans mund og trak sig to skridt tilbage. Når han trak sig væk fra stenen, så denne endnu større ud end når han stod inden for dens rækkevidde og med mejselslag ridsede furer i dens overflade. Han løb over vejen og vendte sig om igen. Nu havde stenen omringet ham fra tre sider, og på dens overflade brødes perlemorslyset fra solnedgangens sidste stråler. Mauricie dækkede munden med hånden og fløj op over trækronerne. Hans hjerte blev på et øjeblik til sand. Han døde af hjerteslag.

(18.8.1999)

JOVANKA ORLEANKA

Jeanne d'Arc, kuda si se zaputila sa sabljom oštrom poput ivice tvojih obrva na blijedom i oznojenom čelu, gazeći preko engleskih leševa, ne osvrćući se nikad nazad. Pratimo te već stotinu godina, mi najvjerniji tvoji vitezovi, i za tebe bih ruku na panj položio, ali me noge izdaju, *Jeanne*, a već ne znam koliko dugo samo miris usirene krvi u nosu mi stoji; i nikakva travka ne može da ga protjera iz nozdrva, ma koliko je dugo trljao medju jagodicama prije nego je gurnem u nos i snažno usrknem, pa je poslije izduvam dahom i vidim kako leti izbačena kao iz katapulta. A te lopte od sline i travâ, *Jeanne*, isto su tako krvave od engleske krvi kao i oružje naše, kao i ruke naše, kao i oči tvoje i moje što su krvave, *Jeanne*. Da svojim očima nisam vidio kako goriš na nakrivljenoj lomači ispred konjušnice u Rouenu, još bih vjerovao da rat nije gotov i da smo živi, mi, najvjerniji tvoji vitezovi i ti, najljepša medju djevicama, *Jeanne*.

(19.8.1999)

JEANNE D'ARC

Jeanne d'Arc, hvor er du på vej hen med sabelen skarp som dine øjenbryns kant på den blege og svedige pande, trampende over britiske lig, uden at se dig tilbage. Vi har fulgt dig i hundrede år allerede, vi, dine mest trofaste riddere, og for dig ville jeg lægge hovedet på blokken, men benene svigter mig, *Jeanne*, og nu ved jeg ikke engang hvor længe jeg kun har haft det størknede blods lugt i min næse; og intet græsstrå kan fordrive den fra næseborene ligegyldig hvor længe jeg gnider det mellem fingerspidserne før jeg stikker det i næsen og snuser kraftigt ind, for derefter at puste det ud med åndedrættet og ser hvordan det flyver, kastet ud som fra en katapult. Men de bolde af snot og græs, *Jeanne*, er lige så blodige af briternes blod som vores våben, som vores hænder, så vel som øjnene, dine og mine, er blodige, *Jeanne*. Hvis jeg ikke med mine egne øjne så hvordan du brænder på det hældende bål foran hestestalden i *Rouen*, ville jeg stadigvæk tro at krigen ikke var forbi, og at vi lever, vi, dine mest trofaste riddere og du, den smukkeste blandt jomfruer, *Jeanne*.

(19.8.1999)

[...]

Mješina puna snova ispraznila se,
iz djetinjstva samo mrak i pogužvano naličje
ispod podvezice od bijelog kanapa;
snovi se usukali, isprani i stvrdli,
ne možeš se u njih obući.
Bože moj, Bože, tuga mi je potaman.

(20.8.1999)

[...]

Bælgen fuld af drømme er tømt,
fra barndommen kun mørket og den krøllede vrangside
under det hvide bånd;
drømmene er snøret ind, skyllet og hærdet,
du kan ikke tage dem på.
Gud, min Gud, sorgen passer mig lige.

(20.8.1999)

[...]

Pitaš se kako umiriti uplašenu životinju u sebi.
Ponovo i ponovo, ništa se ne dešava. Proročanstva
bulje podrugljivo, kao da će prasnuti u smijeh.
Pošalji mi molitvu na kišnim kapima, Gospode,
pošalji mi molitvu u odbljesku sunca na prozorskoj dasci,
Gospode, pošalji mi molitvu u duši mojoj, jer moje ruke
ne mogu da dosegnu nebo.

(23.8.1999)

[…]

Du spørger dig selv hvordan berolige det skræmte dyr i dig.
Igen og igen sker der ingenting. Spådommene
stirrer spottende vrængende, som om de skal bryde ud i latter.
Send mig bøn i regndråberne, Herre,
send mig bønnen i solens glimten i vindueskarmen,
Herre, send mig bønnen i min sjæl, for mine hænder
kan ikke nå himlen.

(23.8.1999)

[...]

Istorija Rima – istorija krvi prolivene po kamenu.
Duše zarobljene pokretom u vremenu, u prividu.
Lažima gonjene u glasnicama uhvaćene utvare sekundi.
Privid.

(28.8.1999)

[...]

Roms historie – blodets historie, spildt på stenen.
Sjæle fanget med bevægelsen i tiden, i det tilsyneladende.
Af løgnene jaget, i stemmebåndene pågrebet, sekundernes spøgelser.
Det *tilsyneladende*.

(28.8.1999)

[...]

Nekoliko žutih listova na drvetu u velikoj plavoj saksiji u dnevnoj sobi progledava žutim zjenicama kroz zelenu krošnju vrbe sa mini-valom. Biljke i djeca rastu u ovoj sobi punoj života. Njihovi glasovi, listova i djece, zeleni svjedoci topline pod rukom. Tvoj puls bije u njima. Neka se igraju, neka idu do drugih planeta. Svjetlost će vas uvijek spajati nitima bez sjene.

(9.9.1999)

[...]

Nogle få gule blade på træet i den store blå potte i stuen blinker
med gule pupiller gennem den grønne piletræskrone med minibølgepermanent.
Planter og børn vokser i denne stue fuld af liv. Deres stemmer, bladenes og
børnenes, de grønne vidner til varmen under hånden. Din puls slår i dem. Lad
dem lege, lad dem tage til de andre planeter. Lyset skal altid binde jer sammen
med garn uden skygge.

(9.9.1999)

[...]

Kada je stajao nepomičan, uniforma je imala boju morske dubine.
Visoka kapa sa šiltom prelomljenim iznad sredine čela,
na vrhu zašiljena, ličila je na ledjnu peraju delfina.
Na obrazima sjena talasa i kože.
Gledao sam ga kako umire na suhom – bez vazduha, bez vode.
Jedan od naše riblje braće, sa očima u oblacima i sa pendrekom u ruci,
ustiju iskrivljenih, bez osmijeha, bez sjećanja, bez odraza.

(Mašinski radnik o svome zemljaku policajcu, na ulicama istočnog Londona, u štrajku maja 1926.)

(14.9.1999)

[...]

Når han stod stille, havde uniformen havbundens farve.
Den høje hat, med skyggen knækket midt over panden,
øverst spidset til, lignede rygfinnen på en delfin.
På kinderne en skygge af bølger og hud.
Jeg så på ham, som var han døende på land – uden luft, uden vand.
En af vore fiskebrødre, med øjnene i skyerne og knippelen i hånden,
den forvredne mund, uden smil, uden erindring, uden afspejling.

(Maskinarbejderen om sin landsmand, politibetjenten, i det østlige Londons gader, under strejken, maj 1923.)

(14.9.1999)

ČAROBNA SVIRALA

Odande više nije dopirao nikakav zvuk. Zahvaćene vjetrom, slike su se izvijale i poigravale u vidjenom SADA, a na tim slikama bila je jedino prošlost koja je sve više blijedila. Na kraju su konture sa slika nestajale kao isprane kemikalijom, i jedino je još sjećanje sjećanja moglo da se imenuje i prizove. Uhvaćen u spiralu vjetra izraz lica bio je nasmiješen. Svirala septembarskog dana bila je začarana i odande nije dopirao nikakav zvuk. Žuto lišće odlazi sa lastama na jug.

(20.9.1999)

TRYLLEFLØJTE

Derfra kom der ikke flere lyde. Billeder vred sig, grebet af vinden, dansede
i det sete *NU*, og på disse billeder var der kun fortid, stadigt mere bleg.
Til sidst forsvandt konturerne fra billederne, som om de var blevet skyllet ud
med et kemikalie, og kun erindringens erindring kunne nævnes og fremkaldes.
Ansigtsudtrykket, fanget ind i vindens spiral, var smilende.
Septemberdagens fløjte var fortryllet og derfra kom der ikke flere lyde.
De gule blade flyver sydpå med lærkerne.

(20.9.1999)

NESTALA BIBLIOTEKA

Vidio sam moje knjige; ukoričene, sjajne ili od tvrdih
obojenih vlakana ispletene korice prevrću se na vjetru
poput lastavica što se vraćaju kući. Moja biblioteka
u prirodnom poretku kaosa, mnoštvo malih crnih tjelesa
rečenica raspršenih nebom.
Nepročitane stranice škripe kao drveta u šumi,
kao lišće u krošnjama šušti govor mnogobrojnih pisaca.
Mora biti da se u jezeru odražava nebo.

(21.9.1999)

DET FORSVUNDNE BIBLIOTEK

Jeg har set mine bøger, indbundne, blanke eller af hårde,
farvede fibre flettede omslag vender sig i vinden som lærkerne
på vej hjem. Mit bibliotek i den naturlige orden af kaos,
mængden af de små sorte kroppe af sætninger spredt over himlen.
De ulæste sider knirker som træerne i skoven,
som bladene i trækronerne hvisler talen fra de mange forfattere.
Det må være sådan at himlen afspejles i søen.

(21.9.1999)

[...]

Tvoj glas sve tiši izmedju udaraca tipki po pisaćoj mašini,
tvoj glas sve više i više oslobodjen značenja. Borio si se
strpljivošću protiv poraza. Ono što tako jasno vidiš sada,
to su zidovi civilizacije, to je masa telefonskih kablova,
gline i plastike što te okružuje poput zida u zazidanoj kuli
sa prozorima kroz koje se nigdje ne može pobjeći. To je konačno
taj život koji nam je svima namijenjen: ishabani odnos izmedju
moći i nemoći, straha i žudnje, svijesti i podsvjesti. To je ta
vesela civilizacija što trtlja o napretku dijeleći u krugu unaprijed
obilježene karte bijelih ispranih lica.

(27.9.1999)

[...]

Din stemme stadigt mere stille mellem tangenternes slag i skrivemaskinen,
din stemme stadigt mere fri for mening. Du kæmpede med tålmodighed
mod nederlaget. Det, som du nu ser så klart,
er civilisationens vægge, det er en masse telefonkabler,
ler og plastik, der omringer dig som væggene i det indmurede tårn
med vinduerne gennem hvilke der ikke kan flygtes noget sted hen. Endelig er det
dette liv som er beregnet for os alle: det nedslidte forhold mellem
magt og magtesløshed, angst og længsel, bevidsthed og underbevidsthed.
Det er denne opstemte civilisation der praler om fremskridtet imens
den fordeler de på forhånd markerede kort med de hvide, udskyllede ansigter.

(27.9.1999)

[...]

Šta je samoća?
To je dobro pitanje.
Ako je to dobro pitanje,
odgovor mora isto tako da bude dobar.
Samoća je odsustvo ljudi. Prijateljâ. To je jasno...
Možda to i nije to što si želio da pitaš...
Šta da radiš?
Šta se dešava?
To su dva pitanja.
Radiš sve ono što trebaš. Uradio si sve ono što si mogao
i radiš sve ono što možeš.
Šta se dešava?
Poštar dijeli pisma.
Klepeću poštanski sandučići
limenim kapcima na zapetim oprugama.
Čuješ ih kroz otvoreni prozor.

(29.9.1999)

[…]

Hvad er ensomhed?
Det er et godt spørgsmål.
Hvis det er et godt spørgsmål,
må svaret være lige så godt.
Ensomheden er fravær af mennesker. Venner. Det er klart…
Måske var det heller ikke det du ønskede at spørge om…
Hvad skal du gøre?
Hvad sker der?
Det er to spørgsmål.
Du gør alt det du skulle. Du gjorde alt det du kunne.
Og du gør alt det du kan.
Hvad sker der?
Postbudet deler breve ud.
De små postkasser klaprer
med bliklågene på de spændte fjedre.
Du kan høre dem igennem det åbne vindue.

(29.9.1999)

[...]

Ima li samoće veće od glasa svoga medju zidovima?

(6.10.1999)

[…]

Findes der en ensomhed større end ens egen stemme mellem væggene?

(6.10.1999)

FAŠIST U SKUPŠTINI

U bijesnom plesu vrte se kao dvije velike drvene lutke
okačene silkom o istu daščicu. Isturene usnice stisnute u osmijeh,
izraz ispražnjenog esteticizma ili hinjene ljubaznosti. Jedno drugom
nož na ledjima drže. Velikim stopalima trapaju po podu. Sa njima jedino
sjene njihove zagrljene plešu. Dva lutka na pozornici istorije
zabavljaju fašiste i socialiste na dočeku Nove 1923. godine
na *Venecijanskom trgu* u Rimu, plešući ispod velikog bijelog spomenika
prvom kralju ujedinjene Italije. Spomenik sliči neodoljivo ogromnoj
pisaćoj mašini jednog od bogova s Olimpa. Ispred slijepe galerije sa kolonadom
visokih stubova vijore se zastave ujedinjenog italijanskog kraljevstva
u slavu *Viktora Emanuela Drugog*.
Dva plesača uvijaju se na nevidljivom silku, sve dok se ne isprepletu u
dva lica jednog lutka. Ovaj ima dvije ruke, dva lica i dva noža. Oba lica
kriju isti osmijeh esteticizma bez sadržaja i ljubaznosti kliske poput
smrznute lokve. Ali sada je već 1999. godina i ovaj dvo-lični lutak zamiče
ka novom stoljeću pjevajući na jednom od germanskih narječja. Na sjeveru
Evrope, u maloj kraljevini Danskoj, niz stepenice Narodne skupštine silazi
zabacujući mršavim ramenima ispod glatkog i sjajnog sakoa, iza crvenog
klovnovskog nosa, narodni poslanik.

(7.10.1999)

FASCIST I FOLKETINGET

I den rasende dans drejer de rundt som to store trædukker hængende i snore fra det samme lille bræt. De udstående læber knebet sammen i et smil, udtrykket for den udtømte æsteticisme eller tilsyneladende venlighed. De holder kniven på hinandens rygge. Med de store fødder tramper de i gulvet. Sammen med dem danser kun deres omfavnede skygger. To dukkedrenge på den historiske scene underholder fascister og socialister ved Nytårsfest, 1923, på *Piazza Venezia*, dansende under det store hvide monument for det forenede Italiens første konge. Monumentet ligner uimodståeligt en af de olympiske guders vældige skrivemaskine. Foran det blinde galleri med de høje søjlers kolonnade flagrer det forenede italienske kongeriges flag til ære for *Victor Emmanuel den Anden*.

De to dansere vrider sig rundt på den usynlige snor, indtil de bliver flettet ind i to ansigter på en drengedukke. Denne har to arme, to ansigter og to knive. Begge ansigter gemmer på det samme smil af æsteticisme uden indhold og venlighed glat som en frossen vandpyt. Men nu er året allerede 1999, og denne tvetydige dukkedreng går forbi og ud mod det nye århundrede, syngende på en af de germanske dialekter. I Nordeuropa, i det lille kongerige Danmark, ned ad Folketingets trappe går, rullende med de spinkle skuldre under den glatte og skinnende jakke, bag den røde klovnenæse, folkets udvalgte.

(7.10.1999)

KAMENA BRAĆA

U bijeloj haljini od pamučnog platna,
sa plitkim šeširom širokog oboda na glavi zaronjenoj
u crnu kovrdžavu bradu budući "Kralj Kraljeva",
"Judejski lav", "Solomonov nasljednik" Haile Selassie,
a sad još uvijek samo princ *Ras Tafari*, na svečanom podijumu
pored ostarjelog italijanskog monarha zgrčenog lica pod
sjajnim šiltom oficirske kape.
I mramor Rima na trgu ispred palače
sa uspravljenim obeliskom na sredini,
i kapljice vode sa fontane ispred,
iz golemog granitnog korita za vodu
iz kojeg su Stari napajali stoku.
I Kastor i Poluks, dva mramorna brata na stranama obeliska,
"Ukrotitelji konja", "Zaštitnici konjanika" na Konjskom Brežuljku
uspravljeni, ne mogu da približe, u svojoj kamenoj bratskoj ljubavi,
dva stisnuta lica afričkog princa i evropskog kralja.

(8.10.1999)

BRØDRE AF STEN

I den hvide kjole af bomuldslærred med den
lave hat med den brede puld på hovedet neddykket
i det sorte krøllede skæg, den fremtidige "Kongernes Konge",
"Judæas Løve", "Salomons Efterfølger" Haile Selassie,
men nu stadigvæk kun prins *Ras Tafari*, på det højtidelige
podium, ved siden af den ældede italienske monark med ansigtet
forknyt under officershattens glinsende skygge.
Og Roms marmor på torvet foran paladset
med obelisken rejst i midten,
og vanddråberne fra fontænen foran,
det vældige granitkar
ved hvilket de gamle vandede kvæg.
Og Castor og Pollux, de to marmorbrødre på obeliskens sider,
"Hestetæmmere", "Beskyttere af hestene", rejst på Hestebakken,
de kan ikke komme tættere på hinanden,
i deres broderkærlighed af sten, to sammentrukne ansigter,
den afrikanske prins og den europæiske konge.

(8.10.1999)

PRIJATELJSTVO

Vjetar. Preko travnjaka iza zgrade. Vjetar na zidu terase.
Kroz prozor sjaje se mutnim sjajem latice cvijeta suncokreta –
platno boje meda i mraka na zidu dnevne sobe.
Poznati motiv Budine glave od bronce na kamenoj ploči ispod prozora,
i nepoznati crteži ljudskih figura iz prošlih stoljeća u crnom tušu.
Poledjine knjiga po stalažama sjaje se na dnevnom svjetlu
poput rorova mehaničkih orgulja tiših od šuma brezovog lišća napolju.
U stolici za ljuljanje boje neba sjedi svirač.
Njegova figura sve tanja, poput oblaka dima što se rastače
nevjerovatno sporo u sobi sada osvijetljenoj suncem,
tako da se čestice prašine duginih boja mogu posmatrati u plesu,
ako zakloniš oči od sunca otvorenim dlanom.
Radost se nazire poput laktova košulje ispod pohabanog pulovera.
Prijateljstvo dano u stisku oslabljene ruke.

(12.10.1999)

VENSKAB

Vinden over græsplænen bag bygningen. Vinden på terrassens mur.
Gennem vinduet skinner med en uklar glans kronbladene på solsikkens blomst –
lærredet med honningens og mørkets farve på dagligstuens væg.
Det kendte motiv, Buddhas hoved i bronze på stenplade under vinduet,
og de ukendte tegninger af menneskefigurer fra forrige århundrede
i sort tusch. Bogryggene på hylderne skinner i dagslyset som rør
på det mekaniske orgel, mere stille end birketræsbladenes brusen udenfor.
I gyngestolen med himlens farve sidder musikeren.
Hans figur stadigt spinklere, som en røgsky der opløses
ufatteligt langsomt i stuen, oplyst af solen,
så støvpartiklerne i regnbuens farve kan betragtes i dansen,
hvis man skygger for øjnene mod solen med den åbne håndflade.
Glæden anes som skjortens albuer under den slidte pullover.
Venskabet givet i trykket fra en svækket hånd.

(12.10.1999)

[...]

Moj učitelj piše *bosančicom*. Razvila se slova mog imena
poput ornamenta na persijskom ćilimu. Pismo mi vozom putuje,
a na pismu sjedi moj veliki učitelj. Pazi da mi papiri ne odlete na vjetru.
Kroz probušene planine i preko prekoračenih rijeka putuju njih dvoje
ko Aladin na čarobnom ćilimu. Čude se Evropi što se izgradila
u zadnjih deset godina. Pruge dobre, kupei još bolji.
Sve novo, sve se zrcali. Moj učitelj uzdahne, sjećajući se fasada kuća
izbušenih šrapnelima poput švicarskog sira.
Odigne se malo na pismu iznad sjedala, i lebdi tako u kupeu
gledajući kroz prozor u pokretne slike ljudi i gradova.
Kondukter prodje, za kartu ga ni ne pita. Ne vidi ga.
To je zato što je on tu samo u mislima. Tijelom je u Sarajevu,
baš se sad penje stepenicama svojim studentima
što ga čekaju u hodniku pred vratima učionice.

(13.10.1999)

[...]

Min lærer skriver med den *lillebosniske skrift**. Mit navns bogstaver
har foldet sig ud som ornamentet på et persisk kelimtæppe. Et brev rejser op
til mig med toget, og på brevet sidder min store lærer. Han passer
på mine papirer, så de ikke flyver væk i vinden.
Gennem hullede bjerge og over overskredne floder rejser de to
som Alladin på sit magiske kelim. De undrer sig over Europa
som det blev bygget op i de sidste ti år.
Jernbanerne gode, kupeerne endnu bedre.
Alt nyt, alt spejlende sig. Min lærer sukker, huskende
husenes facader gennemhullede som schweizerost.
Han løfter sig på brevet lidt op over sædet og svæver sådan i kupeen,
kiggende ud gennem vinduet på menneskers og byers bevægelige billeder.
Konduktøren går forbi, spørger ikke engang efter hans billet. Kan ikke se ham.
Det er fordi han kun er her i tankerne. Med kroppen er han i Sarajevo,
lige nu går han op ad trapperne til sine studerende,
der venter på ham i korridoren foran undervisningslokalet.

(**Bosančica* – en af middelalderens kyrilliske skriftlige varianter, anvendt hovedsagelig i
Bosnien og Dalmatien i sakrale og profane tekster, samt til indgravering af mindeord på
gravsten i Bosnien, kendt som stechak.)

(13.10.1999)

[...]

Oče, vidi ovaj svijet:
Vidjen mojim očima, uzmiče, sklanja pogled.
Kao i moj socijalni radnik, jučer.
Iz zvučnika dopire muzika sa CD-a:
Nick Cave & The Bad Seeds: *Loša zrna* – zrna zla.
Vidi, na kraju ovog milenijuma, stojim, u stvari sjedim,
sa snovima u vijugama svih mojih misli. A ne sanjam.
Budan sam i prehlada mi leži u stomaku i u grlu,
i u sinusima.

(15.10.1999)

[…]

Far, se denne verden: Set med mine øjne,
trækker den sig tilbage, gemmer blikket.
Ligesom min socialrådgiver i går.
Fra højtaleren kommer musikken fra CD-afspilleren:
Nick Cave & The Bad Seeds: De dårlige frø – Syndens frø.
Se, ved slutningen af dette millennium står jeg, faktisk sidder,
med drømme i alle mine tankers bugtninger. Men jeg
drømmer ikke, jeg er vågen og forkølelsen ligger
i maven og halsen, og i bihulerne.

(15.10.1999)

STANICA 1

Kondukter voza zasipa šine metalnom prašinom oksidâ i mineralâ. Kape natučene do korijena ušiju i do sredine čela ispraća posljednji voz iz ove stanice sa granice glatkih stijena gušterovih i suhih čičaka nauljenih, zacrnjenih. Vrapci dolijeću niotkuda. Nadaju se mrvicama hljeba. Čovjek ih ne vidi. Ptice. Crni šilt zaklanja mu modri mjesec mladog neba.
Lokomotiva sa kljunom australijskog papagaja pišti za zadnji pozdrav. Čovjek stoji medju šinama, pognut. Izmedju prstiju zrna oksida i ljušture planktonskih račića osipaju se do nevidljivosti. Iz uglačane poledjine šinâ isijava blijedo jednoruko sunce. Ništa se ne pomjera ovdje, izuzev voza koji zadnji put napušta stanicu. Nema ovdje ljudi, nema ničega, sve do nevidljivosti.

(19.10.1999)

STATION 1

Togkonduktøren drysser oxidernes og mineralernes metalstøv over sporene.
Med kasketten trukket ned til øreroden og midt på panden følger han
det sidste tog ud fra denne station ved grænsen på firbenets glatte sten og de
tørre burrer, smurt ind i maskinolie, sortnede. Gråspurvene kommer flyvende
fra ingensteder. Håber på brødkrummer. Manden ser dem ikke. Fuglene.
Den sorte skygge på kasketten dækker for nyhimlens blålige måne.
Lokomotivet med næb som en australsk papegøje fløjter til en sidste hilsen.
Manden står mellem sporene, nedbøjet. Mellem fingrene siver oxidpartiklerne
og planktonkrabbernes skaller ned i usynlighed.
Fra sporenes pudsede rygge stråler den blege enarmede sol ud.
Ingenting rører på sig her, undtagen toget, der for sidste gang forlader stationen.
Der er ingen mennesker her, ingenting, herfra til usynligheden.

(19.10.1999)

IZRAEL U SNU

Tamo su kuće uokvirene širokom sjenom po zaklonjenim zidovima.
Granicom sunčevih zraka, duše boje sjene modrom bojom spokoja.
Sunce je kao djerdan, kao poznata metafora, samo što tijela nema,
i svjetlost je, kao i voda, sakupljena u naborima zidova u zaledjini.
Prašnjavi seoski trg propinje se u razvodnjeno nebo, postaje stvaran
pod slučajnim pogledom, i tako ukida svaku slučajnost. Zarobljava pogled
svojom nedovršenošću. Djevojka ruku prekriženih na svome polu, i duge
valovite crne kose spuštene iza ramena: ispod bijele haljine pokret u
cijelom tijelu, kao pokret u vodi, u hladnoj rijeci, u vrelom ljetu.
Kao život i smrt na ivici prašnjavog seoskog trga ugrijanog podnevnim suncem
do modre vreline pod stopalima, *Via Dolorosa*.

(3.11.1999)

ISRAEL I DRØM

Der er husene indrammet med en bred skygge over de skærmede mure.
Langs med solstrålernes grænser farver sjælene skyggerne med fredens blå farve.
Solen er som en perlekæde, som en kendt metafor, kun har den ingen krop,
og lyset er, ligesom vandet, samlet i murenes folder i baggrunden.
Det støvede landsbytorv stejler i den vandige himmel, bliver virkeligt
for det tilfældige blik, og ophæver således enhver tilfældighed. Fanger blikket
med sin ufuldendthed. Pigen med hænderne krydset over sit køn, med det lange
bølgede sorte hår lagt bag skulderen: Under den hvide kjole bevægelsen i hele
kroppen, som bevægelsen i vandet, i den kolde flod, i den varme sommer.
Som livet og døden på grænsen af det støvede landsbytorv, opvarmet af
middagssolen til en blålig hede under fødderne, *Via Dolorosa.*

(3.11.1999)

KUĆNE STROFE

Toalet u mome stanu

Ispod četke sa tvrdom vještačkom dlakom, zvuče keramičke
pločice u kupatilu kao disanje u ušima ronioca. Zvukovi
odvode ovog bosanskog *Jacquesa Cousteaua* površinom krečnjačkih
šarâ i mikroskopskih zrna nečistoće uokolo toaletne školjke.
Istureno odjeljenje Baltičkog mora – slatkovodni vodovod
u naselju čudnog imena. Izbjeglička ekspedicija na sjever Evrope:
"*Tragom vodovoda*". Putovanje puno uzbudljivih obrta dovelo me
konačno kući. Jer dom ti je tamo gdje ti je srce.

Kuhinja

Ambalaža je zarobila sve naše buduće zalogaje na dasci u kuhinji,
i tvoji prsti oslobadjajuće šušte iza velikih visećih vrata
obojenih u sivo. Upornošću viteza čistiš metalne cijevi automata
za kafu, začepljene naslagama kamenca – srce naše kuhinje ozdravljuje
natopljeno ključalom kiselinom od koje zaudara čitav stan.
čujem još kako zvučiš malim kineskim zvoncem, privjeskom za ključ
koji sam dobio od jednog kineskog učitelja. I šunjaš se iz prostorije
na petama, sa polumlakom kafom u šoljici.

Napolju

Napolju su mnoge grane gole, zarivene u nebo poput
mreže nerava Zemlje-Oka. Druge su još uvijek okićene
žutim i svijetlozelenim listovima. Ptice se javljaju
u hladnom podnevu iznad kanala ispunjenog vodom.

(4.11.1999)

HJEMMESTROFER

Toilettet i min lejlighed

Under børsten med kunstige hår lyder de keramiske fliser
på toilettet som vejrtrækning i dykkerens øre. Lydene
fører denne bosniske *Jacques Cousteau* hen over kalktegningernes
overflade og urenhedens mikroskopiske partikler rundt om WC-kummen.
Østersøens fjernt udstationerede post – ferskvandsforsyningen
i bebyggelsen med det mærkelige navn. Flygtningeekspedition til Nordeuropa:
"*I vandforsyningens spor*". Rejsen fuld af spændende omvæltninger har
endelig bragt mig hjem. For hjemmet er der, hvor din sjæl er.

Køkken

Emballagen har fanget alle vores fremtidige bid på brættet i køkkenet,
og dine fingre rasler befriende bag den store skydedør,
malet grå. Med ridderens stædighed renser du kaffemaskinens
metalrør, tilstoppet af kalkbelægninger – vores køkkens hjerte heles
gennemvædet af den kogende syre, som hele lejligheden lugter af.
Jeg kan endnu høre hvordan du lyder med den lille kinesiske klokke,
nøglevedhænget som jeg fik af en kinesisk lærer. Og du sniger dig
ud af rummet på hælene, med den halvvarme kaffe i koppen.

Udenfor

Udenfor er mange af grenene nøgne, stukket ind i himlen
som Jord-Øjets net af nerver. De andre er stadigvæk
pyntet med gule og lysegrønne blade. Fugle melder sig
i den kolde eftermiddag over kanalen fuld af vand.

(4.11.1999)

VEČERA

Ako tražiš precizan odgovor u staklenoj glavi stonog svijećnjaka na izbušenom postolju u lažnoj pozlati – nećeš ga naći, kao ni u sjajnim iskrzanim metalnim noktima vještačke ruke boje mesa iza, na drugoj strani stola. Druga proteza kapetana *Kuke* završava, zaista, mehaničkom rukom od dvije kuke od kojih jedna je pomična i ima nekakvu tanku polugu koja se uglavljuje u rupe u kružnom postolju imitacije podlaktice. *Nemoguće je uzeti slanik i bibernik*, kaže kapetan *Kuka*, i moja gustokosa sirena posipa mu meso u tanjiru zrncima začina. *Copenhagen by night.*
Večer u restoranu iznenada dobija miris čokoladne žabe ispunjene karamelom.
Desno od svijeće iza stakla, irska *Zvončica* od krvi i mesa.
Naš dragi izdavač, punaška žena u džemperu boje jutarnjeg neba, izgubila je krunu sa kutnjaka, uskoro se odiže od stola kao i čovjek sa moje desne strane. On stavlja šešir na glavu. Prijatelj? Poslije iskačete u noć kroz ljubazno otvorena staklena vrata restorana, pojedinačno, poput pčela na izlazu iz košnice, razmještajući zimske kapute brzim pokretima ramena ispod dugih rukava. Toplota ne izbija ispod pazuha.

(8.11.1999)

MIDDAG

Hvis du søger det præcise svar i lysestagens glashoved på den hullede sokkel i falsk forgyldning – vil du ikke finde det, heller ikke i de skinnende ridsede metalnegle på den kunstige kødfarvede hånd bagved, på bordets anden side. *Kaptajn Klos* anden protese ender, virkelig, i en mekanisk hånd, to kroge af hvilke én er bevægelig og har en tynd stang, der sættes i spænd i hullerne på den runde sokkel, del af underarmens imitation. *Det er umuligt at tage en salt- eller peberbøsse*, sagde *Kaptajn Klo*, og min tykhårede havfrue drysser krydderipulver på hans kød på tallerkenen. *Copenhagen by night*. Aftenen i restauranten får pludselig duft af chokoladefrøen fyldt med karamel. Til højre for lyset bag glasset, den irske *Klokke* i kød og blod. Vores kære udgiver, den lidt buttede kvinde med sweateren i morgenhimlens farve, har tabt en kindtandskrone, snart rejser hun sig fra bordet ligesom manden på min højre side. Han tager hatten på hovedet. Ven? Senere springer I ud i natten gennem restaurantens venligt åbnede glasdør, enkeltvis, som bierne ved bikubens udgang, rettende på vinterjakkerne med hurtige skulderbevægelser i de
lange ærmer. Varmen bryder ikke ud under armhulerne.

(8.11.1999)

PRONALAZAK

Pored otkrića i opisa dotad još nepoznate koščice, i ispisivanja značajnih studija iz slaganja boja i opažanja o mineralima, ovih dana možemo *Goetheovom* naučnom radu i ostvarenjima pridružiti još jedan, zaista neuporedivo vrijedan pronalazak, koji izgleda kao san čak i u ovo naše, posttehnološko, informatičko vrijeme: radi se naime o vremenskoj mašini - vremeplovu. U potkrovlju praškog Filozofskog fakulteta pronadjeno je pismo za koje je izvan svake sumnje potvrdjeno da je napisano pjesnikovom rukom: rukopis, hartija i tinta odgovaraju u potpunosti drugim pismima iz pera tadašnjeg *weimarskog* ministra za kulturu *Johanna Wolfganga Goethea*. Pismo je adresirano na izvjesnog slovenačkog gradjanina *Tomaža*, za kojeg se ne može pouzdano reći čime se bavio, ali je očito bio u vezi sa osobom o kojoj *Goethe* izriče svoje, kao i obično, veoma oštro estetsko zapažanje. Datum na pismu je ono što je najzanimljivije u ovom kontekstu: to je 08.11.1999*.

(*U pismu se govori o izvjesnom našem savremeniku, sarajevskom studentu i čak djelimično priznatom pjesniku i bibliotekaru A.Š., koji se očito dopisuje ili se dopisivao sa pomenutim *Tomažom*. Kratak i u svojoj lapidarnosti provokativan tekst može se izvrsno prevesti sa *Goetheovog* visokonjemačkog na naš, bosanski jezik, i glasi: "*Ne vjeruj šupku, Tomaž, laže čim zine!*")

(8.11.1999)

OPFINDELSE

Ved siden af opfindelsen og beskrivelsen af et lille indtil da endnu ukendt ben, og udarbejdelsen af de betydningsfulde studier i farvernes sammensætning, og bemærkningerne om mineralerne, kan vi i disse dage til *Goethes* videnskabelige arbejder og værker føje et til, en virkelig usammenligneligt værdifuld opfindelse, der ser ud som en drøm, selv i vor postteknologiske informationstid: det drejer sig nemlig om et transportmiddel – tidsmaskinen. På loftet på det Filosofiske Fakultet i Prag fandt man brevet om hvilket det uden enhver tvivl blev bekræftet, at det er skrevet af digterens hånd: håndskrift, papir og blæk svarer fuldstændig til de andre breve fra *Weimars* daværende kulturminister *Johann Wolfgang Goethe*s pen. Brevet er adresseret til en vis slovensk borger *Tomaž*, hvis beskæftigelse man ikke med sikkerhed kan sige noget om, men det er indlysende at han var i kontakt med den person, om hvilken *Goethe* afgiver sin, som sædvanlig, meget skarpe æstetiske bemærkning. Datoen på brevet er det der er mest interessant i denne kontekst: det er den 08.11.1999*.

(*I brevet fortælles der om en vis, vor samtidige, Sarajevo-studerende og endda delvist anerkendte digter og bibliotekar *A.Š.*, som åbenbart korresponderer eller har korresponderet med den nævnte *Tomaž*. Den korte og lapidarisk provokerende tekst kan udmærket oversættes fra *Goethes* højtyske til vores modersmål, og lyder: "*Tro ikke på den lede røv, Tomaž, han lyver så snart han åbner munden."*)

(8.11.1999)

ČOBANIN

U pauzi izmedju dvije pjesme sa CD-a, jezikom uronjenim u mlaku kafu, mislima u vrelini ledenog juga, očima ispod kapaka, mašinom pod prstima, nesvjesnim pokretom mišića u nozi, zvukom grickalice za nokte iz kupatila, krije se maska Fauna. *Stari jarac!* – reći će neko. *Šaš i ševarje!* – neko drugi. *Ševarje, ševarje* – ponavlja šapćući treći...
Muzika je istekla iz kompakt-diska, kafa se popila, misli nema u otvorenim očima, pod jagodicama prstiju goli vazduh, noge se umirile, nokti odsječeni, za stolom sjedi Pan, oko njega tri djevojke. Jedna mu šapuće pjesmu u uho, druga mu čupka kovrdžavu bradu, treća mu se na ledja naslonila rukom.

(9.11.1999)

HYRDEN

I pausen mellem to sange på CD'en, med tungen dyppet i lun kaffe,
med tankene i det iskolde syds hede, med øjnene under øjenlågene, med
skrivemaskinen under fingrene, med en ubevidst muskelbevægelse i benet,
med negleklipperens lyd fra badeværelset, gemmer Fauns maske sig.
Den gamle gedebuk! – vil nogen sige. *Siv og lærkebo!* – en anden.
Lærkebo, lærkebo! – gentager hviskende den tredje...
Musikken er løbet ud af compactdisken, kaffen er drukket,
tankene findes ikke i de åbne øjne, under fingerspidserne den nøgne luft,
benene er faldet til ro, neglene klippet, ved bordet sidder Pan, rundt om ham
tre piger. Den ene hvisker en sang i hans øre, den anden piller i hans
krøllede skæg, den tredje læner sig med hånden mod hans ryg.

(9.11.1999)

PJESNIK U EGZILU PROKLINJE LILIPUTANCE

Dragi liliputanski jeziče, neka ti usta presuše, neka ti samo glupost cvjeta od sad pa nadalje u jezgru gradskom i u Kraljevini cijeloj. Neka ti se gradjani u gluposti i bijedi spoznaju i neka ih samoća izujeda ko što i oni mene samoćom izujedali su. Neka im svaka spoznaja okrene ledja, baš ko što i oni meni okrenuli su ledja, i neka im jedino stid i strah posjećuje jutra i večeri, ko što mene posjećuje njihova ravnodušnost. Neka im ništa ne uspijeva u duhu tvome, dragi liliputanski jeziče, baš ko što ni oni za mene ne mare ništa u svakom svome danu i noći. Neka se na svojoj gluposti uče tako dugo da je nikad ne zaborave. U Kraljevini Liliputaniji. Neka me gledaju u oči, neka slušaju moje kazivanje. I neka dišu tako.

(10.11.1999)

DIGTEREN I EKSIL FORBANDER LILLEPUTTERNE

Kære lilleput-sprog, lad din mund udtørre, lad kun dumheden blomstre fra nu af i byens kerne og i hele Kongeriget. Lad dine borgere erkende sig selv i dumheden og elendigheden og lad dem blive gennembidt af ensomheden ligesom de gennembed mig med ensomhed. Lad enhver erkendelse vende ryggen til dem, ligesom de vendte ryggen til mig, og lad kun skam og angst opsøge deres morgener og aftener, ligesom deres ligegyldighed opsøger mig. Lad ingenting lykkes for dem i din ånd, kære lilleput-sprog, ligesom de ingen tanker har om mig i alle deres dage og nætter. Lad dem lære af deres egen dumhed så længe at de aldrig glemmer den. I Kongeriget Lilleput. Lad dem se mig i øjnene, lad dem lytte til min fortælling. Og lad dem ånde sådan.

(10.11.1999)

ŠTA KO KAŽE

– *U stisci sam sa vremenom* – kaže i namiguje seljak u bijeloj košulji raskopčanoj oko vrata, i sa pažljivo podvezanim kišobranom u ruci. Sjajni niklovani vrh zabio mu je u ugaženu travu ispred hrama. Lijevom rukom se gotovo objesio o drvenu ručku kišobrana, a desnom drži za ruku seljanku u plavoj bluzi.

– *U stisci sam s vremenom, kažem* – kaže seljak dok preko njenog ramena gleda u dječaka u kratkim tijesnim bijelim hlačicama.
– *Jesi li video oblake, ne miču se* – kaže žena sa njegove lijeve strane, glave umotane u bijelu maramu posutu krupnim crnim tačkama.
– *U stisci sam s vremenom* – kaže seljak i iščupa vrh kišobrana iz manastirske zemlje.

Iz sivog lepezastog zvučnika okačenog o stablo mladog hrasta iza začelja crkve, začuje se sada glas pun krčanja i šumova sa onoga svijeta: "Once a year, Orthodox churches and monasteries celebrate their feast day, an event marked by various local customs. This is an occasion where countryfolk get together to talk and enjoy themselves in the spacious church yard."

– *Kakav je ovo jezik?* – prekrstiše se obje seljanke.
– *Filmski* – kaže seljak samouvjereno.

(12.11.1999)

HVEM SIGER HVAD

– *Jeg er i bekneb med tid* – siger og blinker bondemanden i den hvide skjorte, som er knappet op i halsen, og med den omhyggeligt låste paraply i hånden. Dens blanke spids af nikkel har han sat i det nedtrådte græs foran templet. Med den venstre hånd står han nærmest og hænger på paraplyens træhåndtag, mens han med den højre holder bondekvinden i den blå trøje i hånden.

– *Jeg er i bekneb med tid, siger jeg* – siger bondemanden imens han over hendes skulder kigger på drengen i stramme, hvide korte bukser.
– *Har du set skyerne, de rører ikke på sig* – siger kvinden ved hans venstre side, med hovedet dækket af det hvide tørklæde, overdrysset med store sorte prikker.
– *Jeg er i bekneb med tid* – siger bondemanden og hiver paraplyens spids op af klostrets jord.

Fra den grå, vifteformede højtaler der hænger ned fra et ungt egetræs stamme bag ved kirken, hører man nu en stemme fuld af skratten og susen fra den anden verden: "Once a year, Orthodox churches and monasteries celebrate their feast day, an event marked by various local customs. This is an occasion where countryfolk get together to talk and enjoy themselves in the spacious church yard."

– *Hvad er det for et sprog?* – korsede begge bondekvinderne sig.
– *Fra film* – siger bondemanden selvbevidst.

(12.11.1999)

META

Napolju meta kredom crvenom i zelenom na stubu iscrtana
rukama moje djece. Rukama moje djece krug iscrtan, upisan.
čudo na bijelo okrečenom stubu na terasi. Krug bez početka,
krug bez kraja, plavom linijom presječen. Iza, gole krošnje
drvećâ nad vodom.

U centru je tačka crvene boje koja očito donosi najviše poena,
a odatle se šire koncentrični krugovi koji prema obodu
gube na prestižu u srazmjeri svojoj udaljenosti od centra.
Sferični presjek stuba može se razaznati u trbušastoj formi
mete iscrtane na omotaču. Iza su samo gusti bijeli oblaci.

Sfere, sfere, mislim, nebo je sakriveno u omotaču,
u krugovima kredom iscrtanim, srećemo se uvijek, poznati i
nepoznati, lica u prolazu puna kiše i snijega. I
prelazimo iz kruga u krug, iz boje u boju, iz godine
u godinu. Napolju čeka baštinska bijela stolica, prazna.

(17.11.1999)

SKYDESKIVEN

Uden for skydeskiven tegnet med kridt, rødt og grønt, på søjlen
af mine børns hænder. Af mine børns hænder en cirkel tegnet, indskrevet.
Underet på den hvidmalede søjle på terrassen. Cirkel uden begyndelse,
cirkel uden ende, skåret over af en blå linie. Bagved, de nøgne kroner
på træerne over vandet.

I centrum er det stærkt røde punktum som åbenbart giver flest points,
og derfra breder de koncentriske cirkler sig, som mod udkanten
taber i prestige i forhold til deres afstand fra centrummet.
Søjlens sfæriske snit kan anes i skydeskivens buede form
tegnet på overfladen. Bagved er der kun tykke grå skyer.

Sfærer, sfærer, tænker jeg, himlen er gemt i overfladen,
i cirklerne tegnet med kridt, mødes vi altid, kendte og
ukendte, forbipasserende ansigter, fulde af regn og sne. Og
vi går over, fra cirkel til cirkel, fra farve til farve, fra år
til år. Udenfor venter den hvide havestol, tom.

(17.11.1999)

IZBJEGLI UČITELJ

Tišina sve više i više izraz NIČEGA, smrti. Televizor nije mogao gledati, mnoštvo programa izgledalo je nesvarljivo. Mijenjao bi kanale ubrzano, gledajući različite slike bez volje da ih razumije. Nove sekunde su ubrzano ulazile u njegov život, a stare sekunde su se isto tako ubrzano gubile. Čuo je sat kako mu otkucava na ruci. Metalni puls digitalnog srca. Nije imao prostora niti moći da eksperimentiše sa jezikom, stilom. Stvarnost prošlosti bila je isuviše teška, krvava i jednolika – zemlja u ratu, zemlja poslije rata. Stvarnost sadašnjosti bila je potpuna osamljenost. Da li je stvarno moguće biti tako sam? To pitanje je postavljao iznova i iznova, i značenje rečenice počelo je da ustupa pred njenom melodijom.

(19.11.1999)

DEN FLYGTEDE LÆRER

Stilheden stadig mere INGENTING, dødens udtryk. Han kunne ikke se fjernsyn, mængden af programmer så ufordøjelig ud. Han skiftede hurtigere mellem kanalerne og kiggede på de forskellige billeder uden vilje til at forstå dem. De nye sekunder kom hurtigere ind i hans liv, mens de gamle sekunder lige så hurtigt forsvandt. Han hørte sit ur tikke på armen. Det digitale hjertes metalpuls. Han havde hverken plads eller magt til at eksperimentere med sproget, stilen. Fortidens virkelighed var for tung, blodig og ensformig – landet i krig, landet efter krigen. Nutidens virkelighed var den fuldstændige ensomhed. Er det virkelig muligt at være så ensom? Dette spørgsmål havde han stillet igen og igen, og sætningens mening var begyndt at træde tilbage for dens melodi.

(19.11.1999)

IZBJEGLI UČITELJ *(Secundo)*

                                                          Tišina
sve više i više izraz NIČEGA,
smrti. Televizor nije mogao
                                gledati,
mnoštvo programa izgledalo je
nesvarljivo. Mijenjao bi kanale

                      ubrzano gledajući
različite slike bez volje da ih
razumije. Nove
                sekunde su ubrzano
ulazile u njegov život, a stare
sekunde su se isto
              tako ubrzano gubile.
Čuo je sat kako mu otkucava na
ruci. Metalni
                  puls digitalnog srca.

                Nije imao prostora niti moći da eksperimentiše sa
jezikom, stilom.   Stvarnost prošlosti bila je isuviše teška,
krvava i jednolika – zemlja   u ratu, zemlja poslije rata.
Stvarnost sadašnjosti bila je   potpuna
osamljenost. Da li je stvarno moguće biti tako sam? To   pitanje je
postavljao iznova i iznova, i značenje rečenice počelo je
da
                  ustupa pred njenom melodijom.

(19.11.1999)

DEN FLYGTEDE LÆRER *(Secundo)*

                                              Stilheden stadig
                        mere   INGENTING,   dødens
                        udtryk. Han kunne
                        ikke se   fjernsyn, mængden
                        af programmer så ufordøjelig ud.
                        Han   skiftede hurtigere
                        mellem kanalerne og kiggede på
                        de forskellige   billeder uden
                        vilje til at forstå dem. De nye
                        sekunder kom
                        hurtigere ind   i hans liv,
                        mens de gamle sekunder lige så
                        hurtigt
                        forsvandt. Han   hørte sit ur
                        tikke på armen. Det digitale
                        hjertes
                                      metalpuls.

Han havde hverken plads eller magt til at eksperimentere med sproget, stilen.
Fortidens virkelighed
var for tung, blodig og ensformig – landet i krig, landet efter krigen.
                                          Nutidens virkelighed var den
fuldstændige ensomhed. Er det virkelig   muligt at være så ensom? Dette
spørgsmål havde han stillet
igen og igen, og sætningens mening var begyndt
at
                                          træde tilbage for dens melodi.

(19.11.1999)

NA POLJU SE IGRA DJEČAK, DRAGI...
Srebrnobosanska balada

Napolju se igra dječak, Dragi,
Napolju se igra dječak, Mili,
U ruci mu čaša sa sapunjavom vodom,
U drugoj mu ruci plastični krug.
U očima mu, mili, nebo plavo,
U sjećanju mu, dragi, požutjeli gobleni.

Napolju se igra dječak, dragi,
U krug puše, u zastore od sapunice,
U plohe puše, poleću baloni,
Ljubičasti kontinenti vrte se u plesu.
Duž njihovih meridijana svjetlost
Razbija se u sve dugine boje.

Ima li išta magičnije od vode?
Ima li išta moćnije od sapuna?
Kad se njih dvoje spoje nastaju svemiri
Pod dahom djeteta vještoga.
Jedino što trebaš pronaći je omjer,
Jedino sto trebaš je odnos, mili.

Kosmos je mjehur što se širi
Pod Božjim dahom, i svjetlost je
Dah naših života, vidljiv tek
U tankoj opni od sapunice, u bojama duge.
Vrijeme je naše lelujanje šara na
Sferičnoj opni, postoji jedino u traku svjetla.

Na polju se igra dječak, Dragi,
Na polju se igra dječak, Mili.

(26.11.1999)

UDENFOR LEGER EN DRENG, KÆRE...
Ballade fra *Bosna Argentina**

Udenfor leger en dreng, Kære,
Udenfor leger en dreng, Søde,
I hans hånd glasset med sæbevand,
I den anden hånd en plastikring.
I hans øjne, søde, himlen blå,
I erindringen, kære, gulnede gobeliner.

Udenfor leger en dreng, kære,
Puster i cirklen, i forhængene af sæbeskum,
Puster på fladerne, og ballonerne letter,
De violette kontinenter drejer rundt i dansen.
Langs deres meridianer splintres lyset
I alle regnbuens farver.

Er der noget mere magisk end vand?
Er der noget mere mægtigt end sæbe?
Når de to forenes bliver verdensrum til
Under det dygtige barns åndedræt.
Det eneste du behøver er proportion,
Det eneste du behøver er forhold, søde.

Universet er en boble der spreder sig ud
Under Guds ånde, og lyset er
Vore livs ånde, først synlig
I den tynde hinde af sæbeskum, i regnbuens farver.
Vor tid er tegningernes svingning
På den sfæriske hinde, kun til i en lysstråle.

Udenfor leger en dreng, Kære,
Udenfor leger en dreng, Søde.

(26.11.1999)

(**Bosna Argentina* – franciskansk provins på Balkan, har eksisteret under dette navn siden 1514.)

BJEGAČKA

Mala je bila moja knjižara, vrlo mala,
kao kiosk za novine i cigarete. A, ipak,
kabala, zodijak, hiromantija i geomantija,
tajne bosanskih hodža i katoličkih mistika
pod crvenim krovom na jednu vodu.

Loptasta vlasnica "poslovnog prostora"
obilazila je kao mačka oko vruće kaše,
dok je nije ohladila bezizgledna perspektiva
zarade od prodaje mističnih knjiga.
I *Nabokova*, i *Bulgakova*.

Sa mirisom rata i krvi, došle su mi
i prve invitacije vidjenijih Muslimana,
i posjete komšija Srba. Prvi su me pozivali
da zatome strah i tugu vjerujući da sam Srbin,
drugi su me tješili vjerujući da sam Hrvat.

Hrvati su me zaobilazili jer nisam jedan od
njihovih. Ovo ne može u pjesmu stati. Osim ako
se dobro ne nagura. Jedan od dva brata bliznaca
sa buljavim očima tapšao me po ramenu i govorio
mi: *Ništa se vi ne bojte, mi ćemo vas zaštititi.*

Rat su za mene krvava nosila od bijelog
upletenog platna, u dvorištu punom otisaka
vojničkih cokula u sivoj raskvašenoj ilovači,
gdje koraci zvuče poput poljubaca debele udovice,
pet stotina metara od fronta pritisnutog sivim nebom.

Rat je za mene viđen kroz šofer-šajbu fabričkog kamiona
na putu bez povratka, na kojem me je spasilo
moje srpsko ime, i moj dragi otac u mojoj
ličnoj karti. Konačno je učinio za mene nešto,
presudno: oslobodio me sumnje seljaka-krvnika

na kontrolnoj tački. Svaka tačka tri gutljaja
rakije. Dok si došao do Drine, popio si

skoro litru, i potpuno trijezan gledaš preko
mosta, na drugu stranu rijeke, u Srbiju,
i sječeš svaku nadu u korijenu, u kabini kamiona.

Jer ako te sad zgrabe, ne smiješ se razočarati.

Sa mnom čitava Afrika u kamionu: crnci iz Somalije,
i sinovi poglavica iz Kenije. Ispod pazuha nam
miris nosoroga u trku. Pjesnici iz Irana i
Kurdi iz Iraka. Umirili se svi i čekamo.

Šofer udje u kabinu i upali motor bez riječi.

(29.11.1999)

FLYGTNINGESANG

Den var lille, min boghandel, meget lille,
som en kiosk med aviser og cigaretter. Men, alligevel,
kabbala, astrologi, kiromanti og geomanti,
hemmeligheder hos bosniske præster og katolske mystikere
under det røde skråtag.

Den buttede værtinde, "arbejdslokalets" ejer,
gik rundt som en kat omkring den varme grød,
indtil hun blev kølet ned af manglen på perspektiv
i indtjeningen ved salg af mystiske bøger.
Og *Nabokov*, og *Bulgakov*.

Med krigens og blodets lugt kom også
de første indbydelser fra fremtrædende muslimer til mig,
og de serbiske naboers besøg. De første inviterede mig
for at dæmpe deres angst og sorg, troende jeg var serber,
de andre trøstede mig, troende jeg var kroat.

Kroaterne undgik mig fordi jeg ikke var en af
deres. Dette kan ikke komme ind i et digt. Kun hvis
det presses godt sammen. En af de to tvillingebrødre
med udstående øjne klappede mig på skulderen og sagde:
I skal ikke være bange, vi vil beskytte jer.

Krigen, det er for mig den blodige båre af hvidt
flettet lærred, i gården fuld af soldaterstøvlers
aftryk i det grå gennemvåde ler,
hvor skridt lyder som den tykke enkes kys,
fem hundrede meter fra fronten trykket ned af grå himmel.

Krigen er for mig set gennem bilruden på firmalastbilen,
på rejsen uden tilbagekomst, hvor mit serbiske navn
reddede mig, og min kære far på mit personbevis.
Endeligt havde han gjort noget for mig,
noget afgørende: befriet mig for bøddel-bondens mistanke

på kontrolposten. Hver post tre slurke snaps.
Da du ankom til Drina, havde du drukket

næsten en flaske, og fuldstændig ædru ser du over
broen, på flodens anden side, i Serbien,
og skærer ethvert håb ned til roden, i lastbilens førerrum.

For, du tør ikke blive skuffet, hvis de nu pågriber dig.

Med mig i lastbilen er hele Afrika: farvede fra Somalia,
og høvdingesønner fra Kenya. Under vores armhuler
de løbende næsehorns lugt. Digtere fra Iran og
Kurdere fra Irak. Vi tier alle stille og venter.

Chaufføren kom ind og startede motoren uden et ord.

(29.11.1999)

Om bogen

Hvorfor *Tiden – Tiderne*:
Det drejer sig om en samling af *prosa-poetiske* tekster der tematisk gengiver billeder af den historiske (europæiske) og den individuelle (den fiktive fortællers) tid hovedsageligt fra det 20. årh. Bogen udkommer i egen oversættelse på både serbokroatisk og dansk. At se de to sprog side om side kan allerede i sig selv være et møde, vores indo-europæiske møde, fra den tid hvor de germanske og slaviske stammer kaldte mor, mælk og nat med de samme ord.

Nu har vi glemt det efter alle de tusinder år der gik og vil ikke mere tilkendegive vort urgamle modersmål gemt under ordenes rødder, og viden om vores broderskab formodes tabt for evigt ... hvis der altså stadigvæk ikke var et sted i vores liv, hvorfra vi så klart kan se hinanden: I dødens øjeblik. Det er derfor de fleste af de historiske "jeg'er" i min bog fortæller deres livshistorie på tærskelen mellem livet og døden, for døden er det mødested vi altid har tilbage. Det lykkes altid.

Om forfatteren

Aleksandar Šajin er født i Banja Luka, Bosnien og Hercegovina (ex-Jugoslavien).
1972-1984: Folkeskole og teknisk gymnasium i Banja Luka.
1984-1986: Skuespiller ved Folketeatret i Banja Luka.
1986-1992: Studier ved Sarajevos Humanistiske Fakultet i sprog og litteraturvidenskab.
1992: Skuespiller ved børneteater i Banja Luka. Forlader i december Republika Srpska og flytter til Danmark.
1996-1998: Studier i Serbokroatisk sprog og jugoslavisk kultur ved Københavns Universitets Østeuropasinstitut.
Maj 1998: Afslutter uddannelsen som cand.phil. ved Københavns Universitet med speciale i de skrevne medier i de ex-jugoslaviske lande.
Fra marts 2000 til marts 2002: Forskningsassistent på Center for Freds- og Konfliktforskning.
Fra april 2002: Radiojournalist ved Station København.

Publikationsliste over skønlitterære værker:

1988: *Mojze i Ruža* (Moses og Rosen). En poetisk novelle. Litteraturmagasin "Putevi" (red. Kolja Mičević). Banja Luka, ex-Jugoslavien.
1989: *Bog i Šeširdžija* (Gud og Hattemageren). Novelle. Litteraturpris "Nikica Pavlić" for den bedste novelle. Ex-Jugoslavien.
1991: *Uz kafu* (Ved kaffen). En del af manuskriptet til romanen "Arkul Karo" (fra 1989), Litteraturmagasin "Putevi". Eks-Jugoslavien.
1993: *Mala igrica sa Borom* (Et Lille Spil med Boro). Tragisk farce i fem akter. Teatermagasin "Rampelyset", København. Oversat til dansk af Ileana Schrøder og Kaj Nissen.
1994: *Elskende i Toget*. En prosa-poetisk tekst. Tidsskrift for ny dansk skønlitteratur "Ildfisken", nr. 9. Oversat af Lene Henningsen.
1995: *Sjælen*. Poetisk traktat. "Brøndums Encyklopædi", Brøndum/Aschehoug, København. Oversat af Lene Henningsen.
1999: *Jutro* (Morgen). Novelle. Det politiske magasin "Ljiljan", Sarajevo, Bosnien og Hercegovina.
2001: "*Kære Papmor Danmark eller Milt i Brand*. En mini-multimedial (vrang) forestilling omkring de fremmede i de danske medier og den politiske debat". Politisk grotesk. Wolf Teater, Inkonst – København.